SOUVENIRS
D'UNE GARDE A SAINT-CLOUD EN 1829,

OU

TABLEAU HISTORIQUE
DE LA COUR.

Par le Capitaine Hippolyte DE MAUDUIT,

Auteur de L'AMI DU SOLDAT.

DEUXIÈME ÉDITION, REVUE ET AUGMENTÉE.

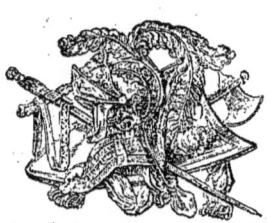

EN VENTE A PARIS,
CHEZ DENTU, LIBRAIRE, AU PALAIS-ROYAL,
GALERIE D'ORLÉANS, N° 13.
ET CHEZ HIVERT, LIBRAIRE, QUAI DES AUGUSTINS, N° 55.
1835.

SOUVENIRS

D'UNE GARDE A SAINT-CLOUD EN 1829 (1),

ou

TABLEAU HISTORIQUE

DE LA COUR.

Tout le monde connaît l'excellent ouvrage de M. le capitaine de Mauduit, intitulé à juste titre l'*Ami du Soldat*. Tous les journaux en ont parlé avec avantage, et même les journaux opposés aux opinions de l'auteur. Ces opinions d'un loyal chevalier français, d'un militaire accompli, d'un homme recommandable et noble sous tous les rapports, que tous les partis respectent, et que j'ai l'avantage et l'honneur d'avoir pour compatriote aussi-bien que pour ami, je n'ai point à les discuter ici; mais je dois dire de son ouvrage, que jamais on n'a parlé plus dignement de l'armée, que jamais l'on n'en a mieux compris, mieux plaidé les intérêts, ni plus sagement amélioré la position, ni mieux préparé l'avenir, depuis le grade de simple conscrit du centre, jusqu'à celui du vieux colonel criblé de blessures et brisé de gloire. Dans l'examen de ce vaste corps, qu'il nous peint avec des couleurs si formidables et si sublimes, M. de Mauduit n'a négligé aucune partie, aucun membre. Il a porté partout l'œil expérimenté d'une bienveillance intime et fraternelle. On le dirait là au milieu de sa famille. Il aime, il chérit l'armée comme on chérit et comme on aime la plus belle, la plus douce et la plus tendre des compagnes.

(1) Extrait du *Chroniqueur de la Jeunesse*, journal mensuel, publié par le savant J. F. Daniélo.

l'armée ! voilà ses amours ; l'armée ! voilà l'objet de tous ses rêves. Il la porte dans sa tête, il la porte dans son cœur : il en occupe continuellement son esprit. C'est sa chimère, c'est sa pensée fixe : il n'en démord pas : à côté d'elle, rien ne vaut, et le monde n'est qu'un atôme, une poussière, un néant : l'armée, c'est tout : et certainement il ne tiendrait pas à ce dévoué serviteur du petit-fils d'Henri IV, que chacun des membres de l'armée, au lieu de la pomme de terre inévitable, ne mangeât, un jour, la poule au pot. On ne saurait assurément que féliciter M. de Mauduit de sa sollicitude généreuse et populaire pour le bien de l'armée. Je voudrais pouvoir citer quelques fragmens de son excellent ouvrage, mais le morceau inédit que l'on va lire, m'en empêche : on en sera dédommagé par les curieux détails qu'il présente, et par la signature qui le termine.

Quant à ce qui me concerne, je déclare qu'on aurait tort de croire, d'après cet article, que mon Chroniqueur se lance dans les passions et les haines des partis politiques : ce morceau est brûlant comme l'âme d'un militaire, il est vrai : mais ce n'est qu'un morceau d'histoire. Il ne s'agit donc point ici de parti ; il ne s'agit que du bien et du mal, du scandale et du bon exemple : c'est une leçon de morale publique, et le Chroniqueur est tout aussi bien disposé à rendre justice aux vertus des hommes, de quelque parti qu'ils puissent être, qu'à censurer leurs faiblesses quelque soit leur dignité.

Dans le courant du mois de mai, la cour se rendait tous les ans, à Saint-Cloud, séjour délicieux comme un pays enchanté, tranquille comme une solitude, et solitude en effet, à part les jours de réception consacrés aux marées périodiques des courtisans. Leurs flots alors s'y précipitaient à grand bruit ; mais la cohue étourdissante écoulée, un si doux calme, un si profond silence revenaient planer sur ce château royal, que l'on se fût imaginé vivre à cent lieus de Paris. Par besoin de repos, aussi-bien que par l'effet du contraste, on aimait à jouir, auprès de ces princes pacifiques et bons, de ce calme champêtre qui soulage les sens et l'âme, de ce bruit, de ce mouvement violent qui les agitent dans la capitale, qui font bouillonner les idées et bourdonner le cerveau.

Les princes y étaient environnés des dignitaires de service, et gardés par une compagnie de gardes du corps et quelques hommes de cette garde royale qui ne les a point quittés au moment du danger, et qui a scellé de son sang, sur les pavés de Paris, ses sermens de fidélité, et dont le dévouement aussi infortuné que sublime dans sa persévérance, doit passer à la postérité.

Chaque régiment d'infanterie de service auprès du roi, envoyait alternativement, de ses casernes de Paris, pendant le séjour de Sa Majesté à Saint-Cloud, une garde d'élite de cent cinquante grenadiers ou voltigeurs pour les postes d'honneur, et cent cinquante fusiliers pour les piquets, avec un drapeau qui marchait devant elle. Nous partions à cinq heures et demie du matin, afin de nous soustraire aux ardeurs du soleil, toujours terrible sur la plaine, mais que nous ne pouvions éviter totalement à notre retour le lendemain, vu qu'il n'avait lieu qu'à dix heures. Pendant le séjour à Saint-Cloud, les grenadiers restaient dans l'intérieur de la cour du château, les voltigeurs veillaient aux issues extérieures, comme en guerre. Les postes de ces derniers se trouvaient donc dans le parc, et prolongeaient leurs védettes jusque dans les avenues les plus solitaires. Ces deux derniers détachemens étaient sous mes ordres, car j'étais alors lieutenant de voltigeurs dans le cinquième régiment. Nos corps-de-garde simulaient des tentes, et complétaient ainsi l'illusion d'un service en campagne. Il s'y faisait en effet avec le même soin et la même rigueur. La malveillance avait déjà prouvé suffisamment que cette prudence n'était pas sans motif, et rien n'assurait que tous les membres de la famille royale, et surtout les enfans de la noble victime de Louvel, fussent à l'abri d'un nouveau coup de main.

J'ai déjà dit que nous nous mettions en marche et quittions Paris de grand matin pour pouvoir faire l'étape à la fraîche, sans soleil et sans poussière : aussi arrivions-nous à Saint-Cloud à sept heures : une demi-heure après, chacun était à son poste. A dix heures moins un quart les officiers se réunissaient tous dans la cour d'honneur ou chez le colonel de jour. Puis l'heure sonnant, nous nous rendions dans la salle à manger, où la table des officiers de garde se trouvait toute servie. Les jours gras, il y avait foule : nous y étions de vingt-huit à trente; mais les jours maigres on y était beaucoup plus à l'aise, et plusieurs places restaient vides, non pas, comme celle du Banco de Shakspeare, par l'effet d'une mort tragique, mais par l'effet d'une retraite prudente et d'un repas au gras fait en ville.

En officiers de *troupe*, il n'y avait jamais que le nombre prescrit par les réglemens; mais il n'en était pas toujours ainsi pour les officiers de l'état-major ou des gardes-du-corps. Ces messieurs se permettaient parfois la générosité d'inviter leurs confrères, ou leurs amis, au déjeûner *du roi*, pour les dédommager d'une visite à Saint-Cloud. —Sept à huit domestiques à la livrée de la maison du roi faisaient le service de la table militaire, sous la direction d'un maître-d'hôtel en habit amaranthe, appelé ironiquement l'*écrevisse*, qui était chargé d'en faire les honneurs. En face de son siége, était suspendue la pendule régulatrice des instans consacrés à la restauration des estomacs des convives : à dix heures cinq minutes, on était à table : à dix heures quarante-cinq, se faisait entendre sur les dalles du réfectoire militaire, le *cri-cri* fatal du *président-écrevisse*. Chacun alors se hâtait d'avaler son dernier morceau, sa tasse de café ou son verre de kirsch, s'essuyait la moustache, et prenait son casque ou son bonnet à poils. A peine étions-nous sortis de la salle à manger, que les domestiques s'empressaient de rassembler les bouteilles pleines, les plats intacts ou les moins endommagés, les fruits secs et autres, et en formaient une véritable boutique de comestibles où, à chaque repas, ils puisaient largement pour eux et pour leur famille. Ensuite ils en remettaient le superflu à une compagnie de restaurateurs, qui, pour cela, payait à chacun d'eux une rente annuelle de mille à douze cents francs. Tel était le casuel de huit fainéans, qui n'avaient d'autre peine que de s'habiller à la livrée royale, de nous servir à table et de desservir après s'être gorgés. Tandis que messieurs de l'office étaient ainsi occupés, nous étions, nous autres militaires, dans la cour d'honneur, l'épée au côté, le cure-dent à la bouche, profitant du quart d'heure de digestion qui nous était donné, avant de rejoindre nos postes respectifs. Les uns achevaient une conversation commencée à table, les autres allaient sur la terrasse contempler l'admirable panorama de Paris et du cours de la Seine, qui de là se déroule, en plein sous les yeux; et puis d'autres encore, comme ce jour-là c'était un dimanche, se promenaient sous les portiques et galeries du château en attendant l'arrivée des courtisans.

Aussitôt que nous aperçûmes les premiers équipages, nous

nous groupâmes tous à droite et à gauche du vestibule, pour voir passer la foule dorée qui allait en rampant saluer le soleil. Notre tenue devant elle n'était pas des plus respectueuses : les uns d'entre nous étaient appuyés sur leurs sabres, les jambes croisées en *quatre de chiffre*, les autres se tenaient fièrement debout, les bras croisés et le sourire sur les lèvres : car c'était pour nous un des plus risibles et des plus divertissans spectacles de marionnettes et de lanterne magique, que celui d'un jour de réception à Paris ou à Saint-Cloud. Aussi n'était-il sorte de quolibets que MM. les grands seigneurs n'entendissent en traversant cette haie railleuse d'*officiers militaires*. La première livrée qui paraissait était toujours celle d'Orléans. L'exactitude et l'empressement de M. le duc, à venir tous les dimanches et même souvent dans la semaine, faire sa cour à ses cousins, semblait alors annoncer de sa part une soumission sans bornes, un dévouement profond et une reconnaissance à l'épreuve de tout événement. Aussi tous ses enfans, et M. le duc de Chartres surtout, y étaient-ils comblés de caresses et de faveurs. Il doit s'en souvenir encore, c'était toujours avec lui que Mme la duchesse de Berry ouvrait le bal dans les fêtes brillantes qu'elle donnait à la cour.

Après son altesse sérénissime, devenue altesse royale par une faveur spéciale de Charles X à son avénement, venaient d'ordinaire les ministres de la couronne, les maréchaux de France et les ambassadeurs des puissances étrangères. En tête des maréchaux, paraissait le plus souvent celui d'entr'eux que le soldat, par l'effet de ce genre d'esprit satirique et grivois qui le distingue, désignait sous le nom burlesque de *grand S. Christophe de l'armée*.

Il était cependant des maréchaux devant lesquels se taisaient nos sarcasmes, et que nous nous empressions d'accueillir avec sympathie et respect. Parmi ceux-là, se trouvait ce maréchal anglo-français, que cependant nous ne soupçonnions pas capable de faire toutes les prouesses par lesquelles il s'est illustré depuis. Alors, il n'avait pas encore eu l'honneur de poser, de sa propre main, la couronne de France sur la tête d'un prince, ni de voter l'exil d'un autre prince qu'il avait reconnu comme son roi légitime. Quel instinct le porta à ce dernier acte? à moins que ce ne fût peut-être l'effet de la reconnaissance qu'il pouvait avoir envers un vieux roi dont les ancêtres avaient accueilli les siens exilés aussi de leur pays à la suite de Jacques II, roi d'Angleterre, et qui leur avaient donné l'hospitalité, plus même que l'hospitalité, la richesse, et à lui personnellement les honneurs les plus élevés? Je laisse à l'armée à juger ce maréchal.

Le maréchal *** savait trop bien son monde et ses intérêts, pour être le dernier à venir offrir les hommages de son dévouement à ses princes légitimes : je l'ai vu souvent passer devant mon poste d'officier pour se rendre à son poste de flatteur et de *loyal courtisan*. J'en baissais la tête et j'en levais l'épaule, car je savais mon homme, et je n'avais oublié ni son dévouement à l'empire, ni sa lettre du 8 mars 1815, où il lançait de foudroyans anathèmes contre la tête de Napoléon, ni son ordre du jour du premier juin suivant, où il se prosternait devant lui, et donnait bravement le coup de pied de l'âne aux princes exilés, devant lesquels il venait aussi de se mettre à genoux; ni enfin la fine comédie que, lorsqu'il fut nommé par Louis XVIII au gouvernement de la province de Bretagne, il donna à Rennes, en 1814, en s'empressant d'appeler, de recevoir et de fêter dans ses salons, tous les officiers des armées royales de ce pays et de la Vendée, à l'exclusion, pour ainsi dire, de ceux qui avaient servi sous l'empereur, et par conséquent sous ses ordres.

— De sorte qu'à vrai dire, le seul maréchal pour lequel je me sentisse une profonde estime, c'était l'honnête et loyal duc de Bellune. Si la fatalité n'eût pas poussé à l'abîme la branche aînée des Bourbons, et eût laissé ce fidèle et brave serviteur à la tête de l'armée comme ministre de la guerre, c'est mon avis qu'ils seraient encore sur leur trône, et recevraient aux Tuileries ou à Saint-Cloud, les hommages du troupeau des courtisans, qui ne demande pas mieux que de se prosterner devant celui qui règne et qui commande, quel qu'il puisse être du reste. A l'époque dont je parle, en 1829, ce noble duc était de service comme major-général de la garde : nous le vîmes sortir de ses appartemens pour se rendre chez le roi, et nous le saluâmes avec tout l'empressement de l'amour et de l'estime la plus sincère.

Je ne dirai rien des ministres d'alors; ils sont prisonniers comme je l'ai été moi-même, et par ce fait seul mon silence leur est acquis. — Mais, quel est ce modeste équipage qui arrive après les ministres? honneur et respect à lui! c'est le gouverneur des Invalides, c'est la gloire en cheveux blancs, c'est Latour-Maubourg, le chevalier sans peur et sans reproche du 19e siècle;

honneur à lui, le premier comme le dernier sur la brèche de la gloire et de la fidélité. — Qui vient après Bayard ? c'est Tartufe, c'est l'homme aux treize sermens ; c'est ce laid vieillard dont la conduite est le modèle du mensonge, de la fourberie et de la ruse, et dont la figure est le type incarné de l'immoralité; mais n'importe, il vient, il vient, lui aussi, répandre autour du trône les hommages de son dévouement sans mesure *et sans bornes*.

Après les ministres et les maréchaux, arrivait en masse cette tourbe dorée de dignitaires, de pairs, etc., de toute espèce, véritable vermine de la monarchie, aussi lâche qu'égoïste, aussi plate qu'impertinente, aussi ridicule que vénale. Après eux, car il y a des degrés dans toutes les misères, après eux, se traînaient honteusement à pied quelques intrigans de bas étage. Toutes les classes y fournissaient donc des représentans de la bassesse, de la cupidité et de l'orgueil humains. Chaque corps militaire en donnait même deux ou trois échantillons ; et, certes, ils étaient beaux et bien fêtés !... Aussi avaient-ils soin de passer furtivement devant les officiers de service, sachant bien qu'il leur revenait toujours de leur campagne adulatrice trèshonnête collection de lazzis : car, dans la chambrée militaire, on ne faisait que bien peu de cas, en général ; de ces piliers mobiles et même très-flexibles de l'antichambre du palais. Ils se croyaient néanmoins, mais vainement, de fort importans personnages, pour avoir passé révérencieusement et muets devant toute la famille royale fatiguée, qui le plus souvent les regardait sans les voir. La conduite de ces zélés courtisans au jour de l'épreuve, a bien fait voir que nous leur rendions justice en les méprisant d'avance. Que direz-vous, par exemple, de ce maréchal, toujours félon, qui, le premier à envoyer son adhésion à la déchéance, courut aussitôt donner la main à Louis XVIII, à Calais, pour l'aider à rentrer en France, et qui se rendit du même pas à Cherbourg, pour embarquer Charles X sur le vaisseau de l'exil ? L'empressement d'un déserteur n'est jamais noble, quel que soit le souverain qu'il trahisse. Il en peut venir de l'or dans la bourse, des cordons au cou ; mais il en reste une tache sur le front. Cet homme en épaulettes, qui voulait bien se faire le recors et l'huissier de la révolution, et qui se prêtait de si bonne grâce à chasser de France la royauté légitime, qu'à sa descente en France, il était allé recevoir par la main, était cependant comblé de ses faveurs spéciales ; car, sans parler de la somme modique de 300,000 fr., dont Louis XVIII lui fit cadeau avant le 20 mars, il lui donna le titre de marquis et de pair, le cordon de la Légion d'honneur et de saint Louis. Charles X y ajouta le bâton de maréchal de France.

A onze heures et demie, tous les appartemens de Saint-Cloud étaient donc encombrés d'amis passionnés et de dévouemens étourdissans. Toutes les broderies d'or dont étaient diaprés les uniformes français de ce sanhédrin si peu français, arrachées de leurs coutures et fondues ensemble, auraient fait la fortune de plusieurs familles honnêtes et réellement dévouées.

Jusqu'à midi, la grande galerie qui conduit à la chapelle ressemblait à une foire brillante où chacun traitait de ses intérêts ambitieux. Là, se donnait plus d'une audience ministérielle ; là, se nouait plus d'une intrigue, et peut-être se tramait plus d'un complot. — A midi sonnant, un huissier criait à haute voix : Le Roi, Messieurs. — La foule ouvrait aussitôt une ruelle de quatre à cinq pieds de largeur ; chacun s'élevait sur la pointe du pied, ou s'appuyait sur son voisin, pour voir défiler le cortége royal : un silence magique régnait dans cette immense galerie si bruyante un instant auparavant. Les fifres et les tambours à sourdine des gardes à pied annonçaient l'arrivée du roi et de sa famille à la tribune de sa chapelle. La messe commençait immédiatement ; quelques courtisans la suivaient avec une *dévotion* si bien jouée qu'elle faisait rire. Les braves gens se souciaient peu de Dieu, de ses mystères et de son temple ; mais ils faisaient grand cas des hommes, et voulaient faire remarquer leurs extases par ces princes chez lesquels la dévotion était une vertu sincère : d'autres, visant à un mysticisme moins élevé, assistaient à l'office divin, uniquement pour se donner le plaisir d'examiner les dames qui avaient obtenu la faveur *très-grande* de s'aller faire admirer à la messe dans les tribunes réservées. Il faut pourtant dire que le plaisir de bien entendre la musique et les chœurs qui réellement étaient célestes, entrait pour quelque chose aussi dans la ferveur de leur dévotion.

Cependant, il faut l'avouer, l'immense majorité des courtisans, plus éperduement ambitieuse encore qu'hypocrite, et ayant plus de confiance dans les ressorts de l'intrigue que dans les ressources des génuflexions et des grimaçantes aspirations vers le ciel, oubliaient Dieu, la messe et les dames, pour arranger leurs marchés, pour combiner leur plan, et lier leur partie dans cette galerie royale, si silencieuse d'ordinaire, mais, transformée alors en champ clos d'ambitions, en bazar de consciences et d'honneurs, en agiotage de faveurs, en repaire d'intrigans, pour ne pas dire en caverne de voleurs.

Pendant ce conflit et cette mêlée de passions cupides, et à côté, et à quelques pas de ce théâtre des misères humaines, les dispensateurs augustes de ces faveurs, de ces grâces tant désirées, tant briguées et méritées si peu, imploraient le ciel pour le bonheur de la France et pour le salut de ceux qui peut-être alors même complotaient leur ruine en sollicitant leurs bontés.

La messe terminée, le silence se renouvelait aussitôt; et le sentier royal se r'ouvrait entre les deux haies des courtisans plus attentifs et plus lestes que des soldats à la manœuvre. C'était, vous le pensez bien, à qui se trouverait au premier rang dans cet assaut de dévouemens. Il fallait voir le mal que ces pauvres créatures se donnaient pour se faire remarquer, et pour obtenir un regard ou un sourire royal : les pantomimes qu'elles jouaient pour y parvenir, étaient comiques autant que complexes : les unes immobiles et hautes sur leurs pieds, comme si elles avaient eu de la grandeur et de l'âme, portaient une tête monumentale, et offraient aux nobles passans des regards d'une bénignité et d'une admiration parfaites. D'autres, désespérant d'atteindre à cette hauteur colossale et à cette pose héroïque, se remuaient, s'agitaient, se démenaient, se tordaient comme des âmes damnées, et imprimaient le contre-coup de leur mouvement à tout ce qui se trouvait autour d'eux : c'est alors qu'au milieu de ces pédantesques coryphées de l'étiquette et du bon ordre, une sorte d'anarchie et d'égalité farouche éclatait tout à coup : vous eussiez cru voir une représentation du spectacle de la confusion de Babel. De toutes parts on se poussait, on se heurtait, sans égard aucun à la hiérarchie des grades et aux prérogatives de l'âge : c'était comme le peuple aux Champs-Elysées, quand, aux fêtes du roi, on lui jetait des saucissons. C'était pitié ! car ici, du moins, l'appétit du ventre ne justifiait pas le tumulte. Néanmoins un général était *bousculé* par un sous-lieutenant ; un évêque perdait son chapeau à cornes dans la bagarre ; les épaulettes étaient arrachées, les cordons rouges et bleus souvent enlevés, les galons froissés, les habits déchirés; un président de cour royale y laissait son bonnet, un fashionnable y perdait sa *claque*, et le garde-des-sceaux laissait un coin de sa simarre entre les battans des portes agitées : rarement enfin on se retirait de cette échauffourée d'antichambre sans y avoir laissé quelques reliques de sa toilette, et sans avoir rapporté, en compensation du sourire royal, quelques luxations aux bras, aux jambes ou ailleurs. Oh! que l'on a bien tort de dire que la vie d'un courtisan n'est pas dure et semée de dangers! Le pauvre homme!

Le roi rentré dans ses appartemens, chacun reprenait son équipage, son cabriolet, son fiacre, ou son coucou, car tous les véhicules inventés par la civilisation servaient également à ces nobles mendians; et à une heure et demie Saint-Cloud n'était plus qu'une solitude silencieuse, enchantée, comme le matin.— Les reptiles avaient disparu!!—Après avoir joui du spectacle et de la comédie de dévouement qu'ils nous avaient donnée; après avoir ri avec tant soit peu de méchanceté de ce bon prochain, qui, sauf quelques contusions et quelques accrocs, s'en allait comme il était venu, chacun de nous rentrait à son poste.

Le mien était un de ceux qui, par sa situation agreste et toute romantique, invitait le plus à la méditation. Aussi m'était-il impossible de m'en défendre; malgré moi, elle me prenait au cou, me frappait à la tête, et envahissait mon cerveau comme une légion au pas de course. C'était les jours de réception surtout que j'étais poursuivi jusque sous les grands arbres et sur les fraîches et molles pelouses du parc, par ce démon familier aux sinistres prévisions. Imaginez-vous en effet un vétéran de la garde impériale, jeune encore par son âge, mais assez vieux par ses services et ses coups d'épée, qui ne savait point faire sa cour, mais qui connaissait assez bien, et savait assez bien disputer le terrain du champ de bataille; qui n'avait jamais flatté, ni trompé, ni trahi Napoléon; mais qui avait cordialement fait le coup de fusil pour lui à l'étranger et en France, en Champagne et à Waterloo; oui, imaginez-vous un tel homme, dont le caractère militaire naturellement franc et loyal, n'avait eu aucune occasion de flatter ni de corrompre, et qui, en montant sa garde, avait vu passer et s'agenouiller dans les antichambres de l'empereur le même vulgaire à peu près de courtisans et de traîtres qu'il voyait maintenant se prosterner et passer dans celle de la royauté légitime, pour laquelle, au fond du cœur, ils n'avaient ni dévouement ni amour, comme ils l'avaient déjà prouvé, comme ils pouvaient incessamment le prouver encore ; et vous conviendrez qu'il lui était difficile de ne pas faire à cette vue des comparaisons de triste augure, et de ne pas se livrer à des réflexions alarmantes. Vienne, me disais-je, l'insurrection à éclater dans ce Paris, d'où ils arrivent, le tocsin à sonner dans ses tours, et le canon d'alarme à tonner sur ses places : combien d'entr'eux resteraient fermes et intrépides au poste de l'honneur ? Hé bien ! me suis-je trompé ? Me suis-je fait de vaines alarmes et des craintes illusoires ? De tous ces hommes à l'âme vile et à la bouche menteuse, aux habits brodés et au cœur flétri, combien s'en est-il trouvé fidèles à leurs princes et conséquens à leurs protestations ? Ils en avaient été pendant vingt ans les insatiables sangsues, les importuns adulateurs, et par leur lâcheté au jour de l'épreuve, ils en ont été les Judas. En effet, la foule était-elle grande à Saint-Cloud, le 29 juillet 1830 ? que faisaient-ils alors, tous ces courtisans si fiers et si superbes, tous ces serviteurs si empressés ? cherchaient-ils leurs armes pour défendre leurs princes et mourir à leurs pieds ? se disposaient-ils à tirer l'épée, à en jeter le fourreau au loin pour ne la rengaîner qu'après la victoire ? se piquaient-ils d'imiter ces chevaliers et ces braves dont ils s'étaient faits des aïeux, et auxquels, certes, ils n'appartenaient pas ? autrement ils se seraient soulevés contre eux d'indignation et de honte du fond de leurs tombeaux : ils les auraient maudits, il les auraient reniés de nouveau, comme la France l'a fait ; car rien de noble ne pouvait battre dans ces poitrines abâtardies, qui peut-être avaient grand besoin de leurs cordons et de leurs croix pour en cacher la misère sous quelque chose de décent. Au lieu de se montrer fiers alors, et de paraître avec ces riches costumes qu'ils étalaient si pompeusement à la cour et à la ville, ils s'en débarrassaient à grand'hâte, comme d'autant de signes accusateurs, qui ne pouvaient plus leur servir auprès de la majesté du roi qui allait succomber, et qui pouvaient les compromettre auprès de la majesté de la populace qui marchait sur le château. Le pouvoir allait changer : à quoi bon s'exposer ? il valait mieux fuir ou même changer avec lui. Là-dessus, l'un prenait une veste de chasse ou une carmagnole de faubourien et un sale chapeau gris : celui-ci se couvrait des habits de son domestique ; l'autre, en sortant de son service de premier gentilhomme de la chambre du roi, se bariolait de la tête aux pieds de cocardes et de rubans tricolores, pour pouvoir regagner sans encombre et sans coup férir son superbe hôtel du faubourg Saint-Germain : celui-là envoyait demander une chaise de poste : celui-ci, un cheval de louage : l'un s'armait d'un bâton de voyageur, et, se rendant justice, se couvrait de poussière de la tête aux pieds, afin de pouvoir rentrer dans Paris sans faire naître le plus léger soupçon que, sous cet accoutrement de faux pèlerin, se trouvait un faux courtisan, un duc et pair, un marquis, ou tout au moins un baron ou un comte. Enfin, c'était à qui se renierait et se déshonorerait le plus auprès d'une garde qui venait de faire voir, pendant trois jours de souffrance et de faim, comment on défend son prince, et comment on est fidèle à sa cocarde et à son drapeau.

Courage donc, nobles seigneurs, grands du monde, courage ! et rendez-vous justice, dépouillez-vous de toutes vos marques d'honneur ! l'histoire vous en donnera d'autres marques ! Mais, en attendant, vous restez maîtres de vous exécuter vous-mêmes et de vous ensevelir dans la poussière. Vos princes croyaient avoir en vous de nobles serviteurs, des amis dévoués ; et ils n'avaient que de plats valets, qui portaient leur livrée, et devaient la fouler aux pieds dès qu'elle ne leur serait plus profitable. Oh ! honte pour un pays ! Si, au lieu d'être représenté par une cour, il n'était pas toujours, comme son roi, ruiné, calomnié et déshonoré par elle ! car la cour, s'écrie avec l'accent le plus profond de la vérité, un de mes amis, dans un écrit plein d'élan, mais d'illusions que lui inspira la commotion électrique de la révolution de juillet et les belles promesses des partis qui voulaient l'exploiter, « la cour ! mais elle ne fut jamais, pour les rois et les peuples qu'une lèpre dorée, qui les ronge en les éblouissant. Tout est là, excepté la grandeur d'âme et la vertu. Aussi tous les grands hommes, les cœurs nobles et purs y ont été mal à l'aise et malheureux. L'air qu'on y respire n'est pas bon, n'est pas vital pour eux. Sous son funeste souffle, les plus beaux caractères se flétrissent, se dissolvent, tombent en boue, ainsi qu'une tendre fleur sous l'action dévorante d'un acide tout-puissant. Ceux qui sont d'une trempe plus forte et qui résistent, y font peur : on les chasse en criant contre eux à la corruption, parce qu'on n'aura pu les corrompre ; et je vois alors Condé vainqueur en prison, Catinat gagnant la retraite, et Fénélon s'en allant en exil. Voilà le prix du dévouement, voilà la fortune d'une noble conduite, voilà la récompense de la gloire! La cour! mais à ce nom, l'innocence frémit, la vertu d'un père s'alarme, quand l'ambition ne l'aveugle pas! Aussi tous les hommes qui ont écrit et pensé dans le monde, poètes, historiens, philosophes, moralistes, tous en masse, quand ils ne vendaient pas leur conscience et leur plume, l'ont toujours élevée contre les courtisans des rois. La cour! n'entendez-vous pas de toutes les chaires chrétiennes les anathèmes et les foudres tomber sur elle? La cour, aux yeux des orateurs chrétiens du grand siècle lui-même, c'était cette impure Babylone, contre laquelle les livres saints n'avaient que des malédictions; c'était cette Sodome corrompue, où, tôt ou tard, le feu du ciel devait descendre. « Sortons de Babylone! hâtons-nous d'en sortir pour ne point participer à ses crimes et à ses plaies. (1), » s'écrie le grand Bossuet, épouvanté sans doute du séjour qu'il était forcé d'habiter. — « C'est à la cour, ajoute Bourdaloue, que l'impatience de s'élever, la crainte de déplaire, l'envie de se rendre agréable, forment des consciences qui passeraient partout ailleurs pour monstrueuses, mais qui, se trouvant autorisées par l'usage et la coutume, semblent y avoir acquis un droit de profession : quelque droiture de conscience qu'on y apporte, à force d'en respirer l'air et d'en écouter le langage, on s'accoutume à l'iniquité, on se fait une conscience nouvelle. Il semble qu'il y ait pour la cour d'autres principes de religion, que pour le reste du monde. Aussi, quand il s'agit de la conscience d'un homme de cour, on a toujours raison de s'en défier, et de n'y pas plus compter que sur son désintéressement. (2). »

« Que de bassesses pour parvenir, dit à son tour l'éloquent Massillon! Bassesse d'adulation : on encense, on adore l'idole qu'on méprise. Bassesse de lâcheté : il faut savoir essuyer des dégoûts, dévorer des rebuts, les recevoir presque comme des grâces. Bassesse de dissimulation : pas un sentiment à soi. Bassesse de dérèglement : devenir les complices et peut-être les ministres des passions de ceux dont on dépend. Enfin, bassesse même d'hypocrisie : emprunter quelquefois les apparences de la piété,

---

(1) Sermon sur l'état religieux.
(2) *Sur la fausse conscience*, Avent, t. 1, p. 162, édit. de 1826.

jouer l'homme de bien pour parvenir, et faire servir à l'ambition la religion même qui la condamne (1). »

« L'on est petit à la cour, nous apprend de son côté le profond La Bruyère. N'espérez plus de candeur, de franchise, d'équité, de bons offices, de bienveillance, de générosité, de fermeté, dans un homme livré à la cour. Le reproche le plus honorable que l'on peut faire à un homme, c'est de lui dire qu'il ne fait pas la cour (2). » Je pourrais, comme on n'en doute pas, pousser plus loin ces citations; mais c'en est assez, il me semble. La cour! juste ciel! quelles idées, quels souvenirs réveille ce mot! C'est là que s'agitent le poignard et le poison de toutes les tragédies du monde; là, que de grands vols, de grands crimes, sont décorés de titres et d'honneurs! La cour, c'est une réunion de demi-dieux, qui forme un enfer. Demandez maintenant qui a poussé les princes dans des fautes, les empires dans des guerres intestines et désastreuses? qui a commis tous les abus du pouvoir ici-bas? qui a brisé les sceptres à force de frapper avec eux sur les peuples? »

Aussi de combien d'humiliantes interpellations, de sanglans reproches, ne furent pas accablés ces glorieux déguisés, ces transfuges, ces renégats politiques! mais, pour être récompensés selon leur mérite, ils auraient dû peut-être avoir mieux que des reproches........

Mais laissons là ces indignités d'une génération sans honneur et sans énergie, et reportons-nous, pour nous soulager l'âme et nous calmer l'esprit, vers ce jeune enfant si plein d'innocence, de noblesse et d'avenir, que tous les partis regardaient alors indistinctement comme l'espoir de la France, comme le lien d'une grande réconciliation prochaine, comme un arc-en-ciel de paix sur l'horizon social et sur le ciel politique.

Après la nuée de courtisans, ce fut lui en effet que j'aperçus le premier : car, à peine de retour à mon poste, j'allai visiter le détachement qui stationnait au Trocadero, lieu de récréation, lieu chéri du jeune prince. Il s'exerçait alors à des jeux gymnastiques; j'admirai son adresse, la souplesse de ses mouvemens, et même le courage qu'il lui fallait pour les exécuter, lorsqu'il

(1) Massillon, *Petit Carême*. Tentations des grands, p. 44.
(2) La Bruyère, *De la Cour*, p. 203, édit. 1765.

m'envoya dire de le joindre et d'assister à ses *tours de force*. Je m'empressai de voler à cette gracieuse invitation : il recommença pour moi ses exercices, et me donna une nouvelle représentation de ses jeux. Il voulut bien me proposer en outre d'assister au tir au pistolet, et je ne fus pas moins étonné de son sang-froid, de son adresse et de son bonheur dans le maniement de cette arme, que je ne l'avais été de sa grâce, de son agilité dans l'exécution de ses *tours de force*. Il abattit devant moi plusieurs poupées. A chaque coup, il me demandait : Eh bien, monsieur l'officier, que vous semble de mon coup d'œil et de ma main ? ai-je des dispositions pour cette arme ?

Ma réponse fut franche et militaire ; elle ne devait pas être celle d'un courtisan ; mais elle devait être affirmative. Doué d'un tact au-dessus de son âge, quand il s'agissait pour lui de faire plaisir ou de faire honneur à quelqu'un, l'aimable prince me proposa une partie de quilles ; j'acceptai avec d'autant plus d'empressement que ce jeu était le divertissement habituel de mes voltigeurs, que celui de mon poste, dont nous allions nous servir, était en fort mauvais état, et que j'en espérais le renouvellement ; il fut en effet renouvelé le lendemain. En attendant, la partie s'arrangeait : je donnai pour partenaire au jeune prince le plus ancien de mes voltigeurs, qui avait vingt-neuf ans de service : ce fut pour ce brave militaire le plus beau jour de sa vie ; et moi je pris mon sergent, qui était également un vieux soldat. Le jeu était animé : le jeune prince y allait sérieusement, et il ne tenait pas peu à une quille de plus ou de moins ; mais enfin il perdit, et voulut payer son écot. La cave du concierge voisin fut aussitôt envahie par son ordre : le vin blanc fut porté sur la nappe de verdure, et là, au milieu de quarante soldats charmés et attendris, il leur fit les honneurs de son régal avec une grâce et un à-plomb qui en doublaient le prix et qui nous transportaient tous. Les soldats aimaient ce jeune prince, et se seraient faits tous hacher pour lui.

Il était près de quatre heures, et le dîner de Henri l'attendait et l'obligeait de nous quitter plus tôt qu'il n'eût voulu. Je l'accompagnai jusqu'au château, et ses adieux furent une bonne poignée de main militaire.

Je m'arrêtai quelques instans devant cette Orangerie, si célèbre dans l'histoire, monument à la fois de la hardiesse de

Bonaparte et de la lâcheté des assemblées délibérantes, qui, trop souvent font trembler les rois, lorsque cinquante grenadiers suffirent cependant pour faire sauter par les croisées de Saint-Cloud le conseil des *Cinq cents*, dits représentans de la nation (1).

L'Orangerie de Saint-Cloud vient aboutir à la salle des Gardes, qui est la salle des maréchaux de l'*héroïsme* et de la *fidélité*, comme le château des Tuileries possède celle des maréchaux de l'*empire* et de la *révolution*. Dans cette dernière la bravoure est sans doute commune à tous; mais la fidélité ?..... A Saint-Cloud, au contraire, ces deux nobles sentimens se trouvent réunis à tant d'autres, chez tous !

Cette galerie nous présentait alors les portraits en pied de Messieurs : le brave et modeste CATHELINEAU, le généreux BONCHAMP, le terrible CHARRETTE, le loyal et vertueux LESCURE, l'audacieux CADOUDAL, les preux LAROCHE-JACQUELIN, SUZANNET et D'ELBÉE, tous simples paysans ou gentils-hommes vendéens ou bretons; car depuis LOUIS XIV et les premières années du règne de LOUIS XV, trouve-t-on généralement le nom d'un *grand seigneur* autre part que dans les salons du roi ou ceux de ses ministres ?.....

(1) Il est une remarque que je ferai à ce sujet : c'est que les deux exemples de ce genre qu'offre l'histoire de nos assemblées parlementaires, ont été exécutés par deux officiers bretons : le premier, par l'un de mes oncles, le colonel Thomas DE MAUDUIT, si connu par sa bravoure et les talens militaires qu'il déploya pendant la guerre de l'indépendance d'Amérique, conduite qui le fit doter, par la nation américaine, d'une magnifique propriété, sur ce sol qu'il avait tant contribué à émanciper au prix de son sang (voir les Mémoires et Souvenirs du comte de Ségur, ainsi que la Biographie universelle, par Michaud, au nom *De Mauduit*), et qui, à la tête des grenadiers de son régiment, fit, au péril de sa vie, sauter par les croisées l'assemblée révolutionnaire, dite de Saint-Marc, qui s'était établie au Port-au-Prince. Entré le premier dans l'assemblée, il vit tomber à ses pieds plusieurs de ses grenadiers. Mon oncle devait triompher ce jour-là, pour succomber en 1791, victime du plus lâche et du plus horrible assassinat que les annales de cette exécrable époque nous aient transmis. (Voir le rapport officiel de cette catastrophe, fait à l'*assemblée nationale*, le 2 mai 1791, et le drame historique publié en 1792, sous le titre de : *La MORT du colonel MAUDUIT, ou les Anarchistes au Port-au-Prince.*)

Le capitaine de grenadiers Ponsard, que Bonaparte chargea de l'expulsion du conseil des CINQ CENTS, était, ainsi que mon oncle, né en Bretagne, cette terre sacrée du courage et de la fidélité à ses devoirs.

A peine étais-je devant cette salle des Gardes, que j'aperçus Mademoiselle, sœur de notre jeune Henri, traversant l'élégant pont suspendu qui mène de ses appartemens au Trocadero. Cette aimable enfant était déjà à la grâce et à la bonté ce qu'est un bouton à la rose; et chaque pas qu'elle fait dans la vie, est déjà marqué par quelques traits de bienfaisance : ah! puisse-t-elle n'être pas payée, comme ses infortunés parens, par l'ingratitude la plus noire et les calomnies les plus dégoûtantes !!!...

Mademoiselle répondit à mon salut militaire par la révérence la plus gracieuse.

Je rentrai à mon poste, en attendant le dîner, qui, pour nous, n'avait lieu qu'à six heures. Mais à cinq heures et demie, je sortis, et, sous prétexte de visiter mes factionnaires, je fis le tour du petit parc, véritable paradis terrestre. A six heures moins quelques minutes, j'arrivai au rendez-vous général des commensaux du château.

Rien de plus magnifique que cette salle à manger du château, à six heures du soir, par un beau ciel du printemps. Les croisées toujours ouvertes donnaient sur le petit parc qui l'embaumait : et tandis que nos estomacs se restauraient, la vue pouvait se reposer sur la masse verdoyante des énormes marronniers. Le reflet du soleil incliné à l'horizon projetait au loin leurs ombrages, et couronnait leurs cimes d'un bandeau de pourpre qui leur donnant à la fois un aspect de splendeur et de mélancolie, les rendait dignes de se balancer au-dessus de la demeure d'un roi, et de poser devant sa table comme de magnifiques candélabres ornés de fleurs réelles et allumés aux feux dorés du flambeau du jour qui s'éteignait. Du milieu de ces massifs si gras de végétation, et si richement colorés, s'élançaient des jets d'eau qui venaient saluer les convives, et allaient colorer leurs girandoles de cristal aux mêmes feux que les marronniers : on eût dit une scène des Mille et une Nuits. On eût aimé à y prolonger ses repas; mais tout était réglé, et l'heure fatale arrivait toujours trop tôt. Exact à l'heure plus que nous-mêmes, le fauteuil royal, par le bruit de son mouvement de retraite, nous donnait souvent le signal de lever notre camp gastronomique avant que tous les exercices en fussent parfaitement accomplis. On faisait comme le matin; il fallait gagner de vitesse et réparer le temps perdu. Après le dîner, mes camarades se promenaient quelques instans dans la cour et sur la terrasse, pour jouir des effets du soleil couchant sur Paris, sur ses monumens, ses dômes et ses rians alentours : ce spectacle était l'un des plus ravissans de la nature.

Quant à moi, j'avais été obligé de rejoindre mes voltigeurs en courant, parce que le roi et les princes faisaient aussi d'ordinaire une promenade dans le parc après leur dîner, et s'arrêtaient devant mon poste. En effet, à peine fus-je arrivé, que le factionnaire cria *aux armes !* Il avait aperçu le petit épagneul de madame la dauphine, qui précédait toujours de quelques pas son auguste maîtresse. Les surveillans étaient aux grilles, prêts à ouvrir celle que le roi choisirait; Sa Majesté prit ce jour-là celle qui se trouvait en face de ma tente : mes voltigeurs étaient sous les armes, le clairon sonnait, et l'écho des bois répondait au loin. Le roi daigna s'arrêter et m'adresser quelques paroles amicales, comme toutes celles qui sortaient de sa bouche, lorsque toutefois il n'était point à la chasse. Madame la dauphine fit taire le clairon pour pouvoir s'entretenir avec lui. M. le dauphin, qui suivait, faisait quelques signes de tête de bonne amitié, comme à son ordinaire. Madame la duchesse de Berri seule était absente ; elle se trouvait à Rosny, à Rosny, où elle a fait tant de bien, et un bien qui a été si tôt oublié.

— Le roi et sa famille s'enfoncèrent dans les avenues du grand parc, et rentrèrent au château par le Trocadéro. J'y descendis aussi vers huit heures pour faire, avant l'ordre, qui se donnait à neuf, une visite à M. l'abbé Martin de Noirlieu, sous-précepteur du duc de Bordeaux; j'y rencontrai M. l'abbé Tarin, son premier précepteur. La conversation roula sur la politique, et sur l'avenir de leur auguste élève; je leur racontai sa visite à mon poste, et profitai de cette circonstance pour engager ces messieurs à meubler sa mémoire de tous les exploits militaires de ses aïeux, à lui inspirer l'envie de les imiter, et surtout à l'habituer de bonne heure à vivre avec les soldats, pour n'être pas plus tard étranger à leurs habitudes, ni intimidé lorsqu'il faudrait leur adresser la parole en public ; à lui apprendre leurs bons mots qui, sortant ensuite de la bouche d'un prince, ont une si puissante influence, soit en un jour de bataille, soit en un bouleversement politique ; car, ajoutai-je, à la tournure que prennent les choses, qui peut se flatter d'être toujours heureux, et savoir si pour régner un jour, le petit-fils d'Henri IV..........
.... Sans doute, je ne croyais pas me tromper, mais je ne croyais pas non plus prédire

un avenir si prochain. En me remerciant de la franchise de ce conseil, les deux précepteurs m'assurèrent que leur élève n'avait pas besoin d'être stimulé en ce sens ; que toutes ses dispositions et ses goûts penchaient pour la carrière des armes ; qu'il connaissait déjà les principaux traits de la vie militaire de ses ancêtres, et qu'il n'était jamais plus heureux que lorsqu'il avait l'honneur de commander un poste de la garde. Neuf heures sonnèrent au milieu de cette conversation toute palpitante d'intérêt et d'actualité : je pris congé des deux ecclésiastiques, je me rendis à l'ordre, de là sous ma tente, pour n'en plus sortir avant le point du jour du lendemain. Mais à cinq heures il fallait être debout, et prêt à présenter les armes à madame la Dauphine, qui, déjà levée, sortait du petit parc, à cette heure, pour respirer l'air pur et rafraîchissant du matin. Un livre à la main, précédée de son fidèle épagneul, et suivie à cent pas d'un valet de pied, la fille de Louis XVI allait devant elle quelquefois sans but, méditant sans doute sur ses malheurs passés, sur l'inconstance du bonheur, et sur les alarmes de l'avenir.

Tels sont les souvenirs de ma dernière garde à Saint-Cloud.

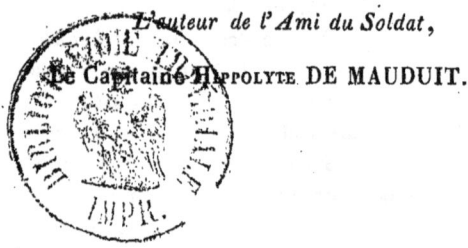

L'auteur de *l'Ami du Soldat*,

Le Capitaine Hippolyte DE MAUDUIT.

ÉPERNAY, IMPRIM. DE WARIN-THIERRY ET FILS.

ORDRE DES MATIÈRES.

La cour à St.-Cloud. — Calme et beauté de ce lieu. — Le service militaire. — L'étape à la fraîche. — Disposition des postes. — Le déjeuner du Roi. — L'arrivée des courtisans. — La réception. — Tumulte. — Examen des courtisans. — Les maréchaux. — Portraits. — Le départ. — Le retour au poste, et les réflexions. — Les événemens. — Lâcheté de la cour. — Tableau de la cour. — Les déguisemens. — Le jeune Henry. — La partie de quilles. — L'orangerie et le conseil des CINQ CENTS. — La salle des gardes et les généraux vendéens. — Mademoiselle. — La salle à manger. — La visite. — Madame la dauphine. — Le dauphin et le roi.

ÉPERNAY, IMPRIMERIE DE WARIN-THIERRY ET FILS.

www.ingramcontent.com/pod-product-compliance
Lightning Source LLC
Chambersburg PA
CBHW060453050426
42451CB00014B/3295